GARCÍA M. COLOMBÁS

EL MONASTERIO DE SANTA MARÍA DE SOBRADO

EDITORIAL EVEREST, S. A.

MADRID • LEON • BARCELONA • SEVILLA • GRANADA • VALENCIA
ZARAGOZA • LAS PALMAS DE GRAN CANARIA • LA CORUÑA
PALMA DE MALLORCA • ALICANTE – MEXICO • BUENOS AIRES

Fotografías: Archivo Everest
Oronoz
J.A. Gómez

Realización Artística: Carlos J. Taranilla

Cartografía: Everest

TERCERA EDICIÓN

Carretera León-La Coruña, km 5 - LEÓN
ISBN: 84-241-4869-X
Depósito legal: LE. 732-1992
Printed in Spain - Impreso en España

EDITORIAL EVERGRÁFICAS, S. A.
Carretera León-La Coruña, km 5
LEÓN (España)

1. *Sobrado de los Monjes. Panorámica aérea del monasterio y su contorno* (foto: Monasterio).

GEOGRAFÍA

A mitad de camino entre Lugo y Santiago, en el corazón de Galicia, hay un pueblo antiguo y pintoresco. Sus casas —unas blancas, otras grises— se extienden por la falda y el pie de unas colinas, y no se detienen hasta topar con la cerca de un monasterio, antaño insigne y principal. ¿Se halla el cenobio al lado del pueblo o el pueblo al lado del cenobio? Lo cierto es que existen entre ambos lazos muy fuertes, como lo indican sus mismos nombres. El pueblo, pequeño, se llama Sobrado de los Monjes; el monasterio, grandioso, Santa María de Sobrado.

A Sobrado se llega fácilmente. Está situado a 12 km de la estación de ferrocarril de Teixeiro, a 18 de la carretera nacional VI (Madrid-La Coruña) y a 22 de Arzúa, en la carretera comarcal 547 (Lugo-Santiago). Dista 65 km de La Coruña, 60 de Lugo y otros 60 de Santiago de Compostela. La monumentalidad y el arte de los edificios, el sereno encanto del monasterio y su contorno bien valen una visita.

El valle es amplio; el paisaje, de una belleza suave y austera. Colinas boscosas, vestidas de *carballeiras,* pinares y eucaliptos. Algún que otro castaño de majestuosa copa. Pequeños campos de centeno, de trigo, de maíz. Aquí y allí, unos surcos de patatas, de *fabas,* de nabos; o acaso una formación, casi militar, de altas y flacas berzas gallegas. Y prados, sobre todo prados, en los que pastan o rumian filosóficamente unas vacas. En primavera y otoño, el estallido dorado de tojos y cambroños; en verano, el adorno profuso, suavemente perfumado, de la madreselva; y a lo largo de todo el año, el verdor, de innumerables matices, del cogollo de Galicia. El clima, ni muy duro ni muy benigno. No faltan en Sobrado los días de sol espléndido. Pero lo típico son los cielos grises y lluviosos. *Chove, chove...* Cuando empieza, no se cansa de llover; y empieza con frecuencia. Es país de brumas, que prestan al paisaje perfiles borrosos, llenos de misterio.

Al sur, cierran el horizonte los montes del Bocelo. Al este, se extienden, lejanas, las sierras de Cova da Serpe y Corno do

Boi. Sobre este fondo, más cercano, el monte Campelo otea la comarca desde su modesta altura.

Todavía más cerca, en medio de una gándara, brota el río Tambre. Su fuente, modificada por el arte de algún remoto monje ingeniero, forma un embalse. Ambrosio de Morales, con evidente hipérbole, lo describe como «un gran lago, que tiene dos tiros de arcabuz en largo y uno en ancho, y está lleno de buen pescado». Los monjes antiguos, que lo llamaban modestamente «el estanque», criaban en él, efectivamente, truchas y anguilas —famosas éstas por su tamaño y sabor—, que alegraban con frecuencia la mesa conventual. «El estanque» es, en realidad, una hermosa laguna de más de dos kilómetros de circunferencia, cerrada por un dique, en la que conviven armoniosamente truchas, nenúfares y aves acuáticas.

Si seguimos por la carretera de Friol —el antiguo «camino real», que pasa por encima del dique de la laguna— y nos desviamos más adelante a la derecha, no tardaremos en llegar a la mal llamada «meseta de As Pías». Es un paraje umbroso, lleno de encanto. Una prestigiosa ermita mariana lo santifica. Muy cerca brotan fuentes vivas, que se convierten pronto en torrentes y éstos en ríos: el Mandeo, el Narla, el Furelos. Rumor de aguas corrientes y saltarinas, gándaras encharcadas, frondas, verdor de prados, brumas, soledad, paz: así son los alrededores de Sobrado.

Otros muchos parajes bellos, recónditos, apacibles, como la llamada Fraga dos Frades, se encuentran en torno al cenobio. Los amantes del arte románico y de los rincones pintorescos no dudarán en recorrer unos kilómetros rumbo al sur. Entre las ásperas montañas que separan a Sobrado de Melide, en una pequeña meseta, les aguarda la maravilla de San Antolín de Toques. Del viejo monasterio benedictino ya no queda más que la iglesia, pequeña y solitaria. Nave rectangular; ábside rectangular; aparejo irregular, pero muy cuidado; arcaturas lombardas; modillones lisos; sobriedad suma en la decoración, simplicidad, autenticidad; ejemplar interesante del arte prerrománico, o románico primitivo, del siglo XI, con innegables influencias mozárabes y asturianas. En el interior, un emocionante calvario en madera policromada: la Virgen pensativa, la mano en la mejilla; San Juan pensativo, la mano en la mejilla; Jesús, sereno, nos mira desde la cruz; rostros místicos y exquisito arte en el plegado de los paños. En el exterior, una paz, una soledad impresionantes, subrayadas por las tumbas del inevitable cementerio y el fragor incesante del torrente, que se precipita a los pies mismos del ábside de la iglesia.

Tampoco queda lejos de Sobrado otro monasterio antiguo, Santa María de Mezozo. Se asienta en un paraje plácido, regado por el Tambre, entre Foro y Vilasantar. De los edificios conventuales apenas quedan unos vestigios, pero sí nos ha llegado la iglesia, actualmente parroquial, bien restaurada. Es románica tardía, del siglo XIII, de planta basilical; tiene tres naves y tres ábsides semicirculares; sus sillares de granito y los contrafuertes de los muros laterales y de la fachada principal le confieren un aire vigoroso.

Desde tiempos remotísimos, el hombre pobló estas tierras altas, húmedas y frías. Lo atestiguan numerosos vestigios. Unos son prehistóricos; otros celtas o romanos. Cruzaba la comarca —hoy prevalentemente ganadera, productora de quesos afamados— la vía imperial que unía Iria Flavia (Padrón) a Lucus Augusti (Lugo). Sus habitantes sobrevivieron a la invasión árabe del año 711. Formaban una masa de pequeños propietarios libres, desperdigada en numerosas aldeas y explotaciones agrícolas. Luego, desde los principios de la repoblación, vieron asentarse y prosperar entre ellos grandes señoríos laicos y eclesiásticos, que iban absorbiendo, inexorables, sus campos indefensos.

2. *Vista general desde el Sur.*

HISTORIA

San Salvador de Sobrado. En la alta Edad Media era Sobrado —*Superato,* según los viejos pergaminos— una *villa,* una aldea, englobada en una amplia demarcación administrativa conocida por el nombre de condado de Présaras. A mediados del siglo X gobernaba este territorio el conde Hermenegildo, casado con una noble dama llamada Paterna. Los condes, ya entrados en años, decidieron fundar en la *villa* de Sobrado un monasterio familiar y dúplice. Familiar, pues sería propiedad de su familia; dúplice, porque constaría de dos comunidades, una masculina y otra femenina, que se reunirían en la iglesia común para la eucaristía y el oficio divino. En aquellos tiempos abundaban en España tal clase de monasterios.

Hermenegildo y Paterna realizaron su designio el año 952. Donaron al cenobio, que se llamó de San Salvador, no sólo las tierras que poseían en Sobrado, sino también otras muchas heredadas. Sus hijos don Sisnando, obispo de Iria-Compostela, y el conde Rodrigo, con su esposa Elvira, lo enriquecieron con nuevas y generosas donaciones. ¿Generosas? Con ellas al fin y al cabo, no hacían más que aumentar su propio patrimonio, ya que el monasterio seguía perteneciéndoles, y al propio tiempo se aseguraban un refugio donde pasar los últimos años de su vida en calidad de *confessi* o *confessae,* llorando sus pecados y preparándose piadosamente para comparecer ante el Supremo Juez; así sucedió ya con el mismo fundador, el conde Hermenegildo, tras el óbito de doña Paterna. Otros nobles eclesiásticos contribuyeron con sus larguezas a la formación del patrimonio de San Salvador, que el monasterio procuró redondear mediante compras e intercambios. En el año 958, el rey

3. *Exterior del monasterio. Fachada Oeste.*

Ordoño IV concedió a Sobrado la jurisdicción sobre todo el condado de Présaras; Ramiro III, en 968, sobre parte de los de Mera, Nalar, Parga y Nendos. Siguieron afluyendo donaciones, privilegios, exenciones. El monasterio de San Salvador llegó a poseer, entre otras muchas cosas, no menos de dieciséis iglesias. Todo ello, necesariamente, tenía que producir muy pingües rentas. Se destinaban éstas no sólo al sustento de ambas comunidades monásticas, sino también al de la familia condal y, como estaba previsto desde la fundación, al socorro de pobres y a la acogida de huéspedes y peregrinos, que no serían escasos: Sobrado se hallaba al borde de una de las rutas de la peregrinación jacobea y no lejos del Camino Francés.

Tanta prosperidad no iba a durar muchos años. Pronto, en efecto, se extinguió la descendencia directa de los fundadores. Hacia el año 977, el monasterio pasó a ser propiedad de Gutier y su hermana Munia, sobrinos de doña Paterna. Éstos, más o menos forzados a ello según parece, lo donaron *post mortem* al conde Menendo González y su mujer doña Toda. En realidad, pasó a manos del conde Segeredo y su esposa Adosinda, herederos del conde Menendo. A éstos se lo usurpó el rey Fernando I, en 1060, después de sofocar la rebelión de los nobles gallegos partidarios de Bermudo III, y lo incorporó al patrimonio real.

Por aquellos años ya no había monjes ni monjas en Sobrado. A partir de 1023 los documentos dejan de mencionarlos. Ligado, por su carácter mismo de monasterio familiar, a la descendencia de los fundadores, el cenobio había corrido su misma suerte: se había extinguido.

Santa María de Sobrado. No murió para siempre. Resucitó, aunque mucho más tarde, bajo la advocación de Santa María y formando parte de la Orden de San Benito, según el modo de vivir *(consuetudo)* de los cistercienses. Así se lee en la solemne donación del monasterio y sus heredades hecha por el conde Fernando Pérez de Traba y su sobrina Urraca, hija de su hermano el conde Bermudo, el 14 de febrero de 1142, al abad Pedro y sus monjes, recién llegados de la abadía de Claraval. En 1118, la reina doña Urraca y su hijo Alfonso VII habían devuelto el despoblado monasterio de Sobrado a los condes de Traba don Bermudo y don Fernando, herederos de sus últimos poseedores, recompensándoles sus buenos servicios, y a instancias del propio Alfonso VII se logró finalmente que lo ocupara una pequeña colonia de monjes procedentes de Claraval, abadía entonces en pleno auge bajo la dirección de San Bernardo.

De este modo inaugura el monasterio de Sobrado la etapa más brillante de su historia. Ya no es un cenobio familiar y dúplice. Es una abadía cisterciense, habitada por monjes henchidos de fervor, formados por el abad más famoso de la época. Goza, además, de la protección generosísima de la familia de los condes de Traba, la más importante de toda Galicia. Las donaciones afluyen en gran número. Se van acumulando privilegios. El dominio monástico prospera a ojos vista. Los nuevos monjes, como buenos cistercienses, trabajan rudamente. Técnicos en materia de agricultura, implantan una administración centralizada y una explotación racional de las tierras. Ellos mismos, con la inapreciable ayuda de los conversos, cultivan personalmente las más cercanas. Estableciendo una red

4. *Exterior del monasterio. Fachada Este.*

5. *Vista exterior del monasterio. Fachada Este y Sur.*

de granjas hasta cubrir el dominio monástico entero, a lo largo de los siglos XII y XIII, explotan por sí mismos las demás casi en su totalidad. De este modo se convierte Sobrado no sólo en centro de vida espiritual, sino también en foco de trabajo agrícola, de colonización, de cultura en el más amplio sentido de la palabra.

Y como no podía menos de suceder, se enriqueció sobremanera. Pronto tuvo posesiones, cotos, intereses y rentas en toda Galicia y fuera de Galicia, en el campo y en las villas que iban prosperando, sobre todo en las que se hallaban en las rutas de la peregrinación jacobea. Su poderío económico llegó a ser proverbial. Esto, si por una parte le permitió aumentar y mejorar sus obras de asistencia social, acarreó por otra, a lo que parece, sensibles mitigaciones del ascetismo monacal y, sobre todo, le atrajo la codicia de la nueva hidalguía gallega, deseosa de medrar a costa del dilatado señorío eclesiástico.

En todos los rincones del país sucede lo mismo. La nobleza, sobre todo la nobleza rural de nuevo cuño, causa graves perjuicios a los monasterios. So pretexto de protegerlos, usurpa sus heredades, abusa de sus vasallos, comete toda suerte de tropelías. Historiador probo y bien documentado, el P. Mauricio Carbajo resume así los desafueros que los abades y monjes de Santa María de Sobrado tuvieron que soportar a partir de las últimas décadas del siglo XIII: «Pasaron mil necesidades y sufrieron mil befas de los

6. *Cruceiro en la Vía Sacra.*

seglares que tenían poder, pues a título de encomenderos se levantaron con los prioratos y cotos de Sobrado y trataban a los monjes malísimamente, y así hubo tiempo en que los religiosos no tenían qué llevar a la boca y el pan que comían era de avena y sin sal, porque estaban tan pobres que no tenían con que comprarla. A esta miseria llegaron los religiosos de Sobrado y estuvieron a punto de desamparar el monasterio; todo ello causado por la codicia y ambición de ciertos seglares que quitaron al monasterio lo que otros le habían dado».

Algún remedio se puso a situación tan desesperada gracias a ciertas provisiones de los reyes. La más importante fue la de Juan I, del año 1383, por la que se mandaba desembargar al monasterio muchas granjas y cotos que le tenían usurpados Fernando Pérez de Andrade, Lope Pérez de Moscoso, Martín Sánchez das Mariñas, Gómez Suárez de Prego, Vasco Gómez das Seixas, García Rodríguez de Valcárcel y Pedro Fernández de Andrade. Aun así los nefastos encomenderos «se quedaron con mucho». Y lo que es peor, a esta plaga sucedió la de «la langosta», como la llama Carbajo, esto es, la de los abades comendatarios que «acabó con todo». No fueron muchos estos abades comendatarios, pero algunos, no contentos con disfrutar de las rentas del monasterio, enajenaron sus bienes. Además, con el fin de tener menos religiosos que mantener, dieron muy pocos hábitos y, por regla general, sólo a sus propios criados, gente ignorante y zafia, con poco o ningún espíritu religioso. De la tremenda decadencia del monasterio de Sobrado tanto en lo temporal como en lo espiritual a fines del siglo XV son testimonio irrecusable las ordenaciones de visita que dio, en 1492, el abad de Claraval, por mandato del papa y del capítulo general de la Orden del Císter.

La recuperación, afortunadamente, no tardó en producirse. En efecto, pocos años después, gracias a la solicitud vigilante y tenaz de los Reyes Católicos, Sobrado, como tantos otros monasterios, logró librarse del yugo de los abades comendatarios. El año 1498 marca un hito extraordinariamente importante en su historia: es la fecha de su incorporación a la nueva, austera y floreciente Congregación de observancia de San Bernardo. Ésta lo convirtió en colegio donde formar a los religiosos jóvenes. En 1500, eligió la comunidad su primer abad trienal. Pero sólo en 1592 recuperó Sobrado su perdida condición de casa matriz y se empezó a admitir numerosos novicios. Así se abrió una nueva época de gloria y esplendor.

A lo largo de los siglos XVII y XVIII Santa María de Sobrado es, con mucha probabilidad, el monasterio cisterciense más poderoso de Galicia y, con toda certeza, uno de los más ricos de toda España. El número de sus monjes oscila entre los cincuenta y los ochenta, y en algunos años se logra superar esta cifra. Pese a que el arzobispo de Santiago ha terminado por adueñarse de la mayor parte del condado de Présaras y a que los otros condados en que el monasterio tuvo jurisdicción «los llevan otros señores, que hay muchos que lo son con los bienes de Sobrado», como observa Carbajo, la comunidad posee aún 17 cotos —con vasallos y luctuosas, además de las rentas forales—, 51 prioratos y 61 iglesias parroquiales. Sus pingües ingresos permiten a los monjes renovar con suntuosidad sus edificios y hacer el bien a manos llenas. De los edificios nos ocuparemos más adelante. Por lo que se refiere a beneficencia hay que consignar aquí que en el siglo XIII se gastaban en limosna todos los años unos 5 000 ferrados de trigo y centeno, y todos los días se socorría a 600 pobres y se hospedaba a todos los peregrinos, tanto a los pobres como a los ricos. Consta que en 1773, año santo compostelano, se dio acogida, *gratis et amore Dei,* a más de 8 000 huéspedes. Los nuevos prelados de Santiago hacían su

7. *Entrada del recinto del monasterio.* ▶

entrada en la diócesis por Sobrado; en el monasterio cisterciense, florón de su arzobispado, recibían la bienvenida del cabildo y de los regidores de la ciudad, que acudían con «multitud de criados, de volantes, clarines, tambores, acémilas y otras cosas de ostentación». El P. Carbajo añade que «el ilustrísimo con su comitiva, que suele ser numerosa, y el cabildo con la suya se hospedan en el monasterio», mientras «la ciudad se queda fuera; pero a todos hace el monasterio el gasto, haciendo alarde de gastar sus rentas con personas que tanto representan».

Nunca, con toda probabilidad, hicieron los monjes de Sobrado mayor alarde que el de la fiesta de San Bernardo de 1771, con motivo de la inauguración del nuevo retablo mayor. Trazado por el ingeniero real don Luis de Lorenzana, obra de colaboración en que intervino buen número de artistas y artesanos —entre ellos, los escultores José Gambino y José Ferreiro, autores de las imágenes—, el retablo era una gran mole de madera dorada, policromada y charolada que servía de marco y soporte a 36 grandes estatuas y un templete giratorio para la exposición del Santísimo Sacramento. Su grandiosidad y perfección llenaba de pasmo a los indoctos y satisfacía plenamente el gusto barroco de los entendidos. El tantas veces citado P. Mauricio Carbajo dictamina muy significativamente que en el nuevo retablo mayor de Sobrado «se admira la idea y hermosura, ni cabe más en la arquitectura y escultura que lo que en él se halla ejecutado».

8. *Iglesia del cementerio; actualmente, iglesia parroquial.*

Aunque presidido por la imagen central de la Asunción, escoltada por San Benito, San Bernardo y otras lumbreras de la vida monástica, y admirada desde el cuerpo inferior por los once apóstoles en actitudes expresivas, esta nueva maravilla fue bautizada con el nombre de «España Índica», puesto que fue ideada por un español y en los intercolumnios se representaban, esculpidas en relieve, escenas de la conquista de América. Acudieron a la fiesta de la inauguración, además de una multitud de fieles del estado llano: el arzobispo de Santiago, con su obispo auxiliar y su cabildo en pleno; los obispos de Lugo, Mondoñedo y Tuy; el capitán general del reino de Galicia y varios oidores de la Real Audiencia; los coroneles de los regimientos de Milán y Asturias, la corporación municipal de Santiago en pleno y otros muchos personajes y personajillos de la nobleza y de la administración central y territorial, acompañados de sus familiares y comitivas. Hubo misa pontifical, sermón de campanillas, procesión, fuegos artificiales y, claro es, un gran banquete. En obsequio de tantos huéspedes e invitados, agasajados como correspondía a su respectiva alcurnia y alta representación, «se gastó mucha parte de la renta».

La inauguración del grandioso retablo mayor marca, al menos simbólicamente, el punto culminante de la gloria y poderío del ilustre cenobio gallego. No tardarían en manifestarse los primeros signos de una innegable y ya iniciada decadencia. En efecto, si la historia de Sobrado, como la de tantas instituciones monásticas, es en gran parte la historia de continuos e interminables pleitos para conservar sus cotos, granjas, fortalezas, iglesias, montes, prados y pesquerías contra nobles, clérigos y municipios, deseosos de ocuparlos o menoscabarlos, hacia fines del siglo XVIII y principios del XIX la presión del exterior se hizo cada vez más poderosa y los litigios se multiplicaron. Los tiempos habían cambiado; estaban pidiendo a gritos una reforma radical tanto en lo social como en lo económico. En esto, sobrevino la invasión napoleónica, que nuestro monasterio supo capear sin graves quebrantos. Tampoco la primera exclaustración, la de 1820, lo afectó demasiado, a lo que parece. Sucumbió, por el contrario, a la primera guerra carlista. La partida del cabecilla López, que tenía un hermano monje en Sobrado, tuvo fructuosos contactos con la comunidad cisterciense; ésta, según declaración de varios testigos, la sostenía con suministros y dineros para comprar armas. El expediente incoado contra el monasterio condujo a su supresión por real orden del 21 de septiembre de 1834, que se aplicó el 28 de octubre. Al año siguiente se produjo la infausta, general y definitiva desamortización.

Ruina y restauración. El ejército isabelino había establecido en el deshabitado monasterio el cuartel general de las columnas de operaciones contra las tropas carlistas. Lo evacuó en 1840. Ni el párroco ni el ayuntamiento quisieron hacerse cargo de los edificios, que quedaron prácticamente a merced de los saqueadores. El gobierno central ordenó su venta en pública subasta en 1848. Cuatro años más tarde empezó su destrucción y el transporte de sillares para obras que se realizaron, sobre todo, en Arzúa. Más adelante se llegó a volar con dinamita la hermosa arquería del claustro de la Hospedería para levantar con sus piedras la casa rectoral. Ni que decir tiene que por aquellos años ya se habían dispersado la biblioteca y el riquísimo archivo. Llevaron a Betanzos el hermoso reloj de una de las torres de la iglesia, obra del ferrolano Antelo. Desaparecieron las grandes y artísticas rejas del templo, las sillerías del coro, los cuadros, los muebles, todo. El pillaje no había perdonado ni las imágenes sagradas de los retablos, ni siquiera algunos sepulcros de nobles caballeros medievales, que ciertos campesinos convirtieron en abrevaderos.

Comprados por un contratista de carreteras, los soberbios edificios se libraron de convertirse en morrillo gracias a la iniciativa del cardenal don Miguel Payá y Rico, quien los adquirió para la mitra compostelana. Se retejó la iglesia e incluso se abrió al público la capilla del Rosario. Pero lo único que se consiguió fue detener la destrucción sistemática del monumental cenobio. La gloriosa abadía de Santa María de Sobrado acabó por convertirse en un conjunto de ruinas, cubiertas de lozana vegetación, que les confería una belleza misteriosa, melancólica, romántica, única.

«Restaurar Sobrado es un sueño irrealizable», había dictaminado don Francisco Javier Sánchez Cantón, en 1928, informando al director general de Bellas Artes. Sin embargo, treinta años más tarde, cuando las ruinas eran todavía mayores, el sueño imposible se estaba trocando en realidad gracias al tesón y a los poderes casi mágicos del P. Antonio Fernández Cid. La labor de este monje cisterciense suscita la admiración de cuantos contemplaron el estado deplorable en que se hallaba el monasterio al empezar las obras. La restauración, sin embargo —todo hay que decirlo—, además de quedar inacabada, se realizó, por lo general, con propósitos utilitarios, empíricos, y no con criterios estrictamente arqueológicos y artísticos. Y hay que reconocer sinceramente que no carecen de cierto fundamento las duras palabras de don Ramón Otero Pedrayo acerca de «las ruinas —son ruinas pese a esfuerzos en sí laudables, pero desafortunados de reconstrucción— del ilustre monasterio de Sobrado».

Las obras empezaron en septiembre de 1954. En agosto de 1966 tomaba posesión del cenobio, ya habitable, una pequeña colonia monástica procedente de la abadía montañesa de Viaceli (Cóbreces). Desde entonces la nueva comunidad cisterciense trata de prestar alma y calor a unos edificios nobles, pero demasiado vastos.

EDIFICIOS MEDIEVALES

De la fábrica del primitivo monasterio de San Salvador lo ignoramos casi todo. Sólo unas excavaciones conducidas metódicamente nos revelarían su planta y algunas cosas más. Podemos barruntar que los primeros monjes y monjas del cenobio familiar y dúplice utilizarían al principio la iglesia existente en la *villa*. Consta documentalmente que en el año 955 se estaban construyendo los edificios conventuales —*claustra coenobii*— «para habitación de los monjes». Es probable que pertenezcan a estos edificios o a la iglesia primitiva unos pocos modillones de rollos en granito y varios capiteles entregos de tres filas de hojas, de clara factura árabe, que se han conservado.

Cuenta la tradición que con los primeros cistercienses vino de Claraval un hermano converso, llamado Alberto, que era experto maestro de obras; a sus planos y dirección se deberían la nueva iglesia y el nuevo monasterio. Es una tradición muy atendible. Entre otras razones, porque en Claraval había excelentes maestros de obras; conocemos a algunos por sus nombres. Estos proyectaron y dirigieron la construcción de varios monasterios fundados por San Bernardo, en la que trabajaron los mismos monjes fundadores. Es lo que debió de suceder en Sobrado. Notaba Torres Balbás a propósito de la arquitectura cisterciense en Galicia que las iglesias de los monasterios fundados por personas reales o grandes magnates son casi siempre de traza exótica, importada de Francia, sin raíces en la región; y ponía los ejemplos de Oya, Meira y Armenteira. «Trazarían sus planos y dirigirían la construcción monjes y hermanos conversos de los llegados del vecino país». Cierto que las fuentes documentales nos proporcionan muy escasos datos sobre esta materia. El P. Carbajo pudo averiguar revolviendo los pergaminos del archivo que las obras empezaron en 1142, fecha de la llegada

9. *Capilla de San Juan Bautista, románica. Detalle.*

10. *Ménsula románica.*

de los cistercienses de Claraval, y que no se concluyeron hasta 1216. Pero los restos monumentales que escaparon a la piqueta de los monjes barrocos, junto con algunas de las conclusiones a que han llegado los modernos estudiosos del arte cisterciense, nos permiten vislumbrar cómo sería el segundo monasterio de Sobrado.

Es del mayor interés notar aquí que, cuando los repobladores de Sobrado abandonaron Claraval, se estaba levantando en este monasterio, bajo la vigilancia de San Bernardo y acaso bajo su dirección, una iglesia famosa por su extrema simplicidad arquitectónica. Su construcción empezó en 1135 y terminó en 1145. Tenía forma de cruz latina; la nave principal con sus colaterales medían casi cien metros de largo; la capilla mayor, rectangular y de proporciones notablemente reducidas, estaba flanqueada por tres capillas a cada lado, que se abrían en el amplio crucero, de unos cincuenta metros de largo. Como esta iglesia ya no existe, ignoramos cómo estaba cubierta; pero sí existe la iglesia de Fontenay en Borgoña, considerada unánimemente como el testigo más completo y más perfecto del desaparecido templo de San Bernardo, y se cubre con bóveda de medio cañón agudo sobre arcos fajones, exactamente igual que las mencionadas iglesias cistercienses gallegas de Oya, Meira y Armenteira y, en el mismo Sobrado, la vieja capilla de la Magdalena. A ello hay que añadir que el plan de la iglesia de Claraval fue adoptado por to-

11. *Modillón prerrománico.*

dos los monasterios de la filiación de Claraval, según pudo comprobar A. Dimier, así como por otras muchas abadías de la Orden. La iglesia de Sobrado, monasterio de la filiación de Claraval, no sería una excepción. Más adelante, evidentemente, sufriría no pocas transformaciones. Sabemos, concretamente, que fue reparada y acaso ampliada por los años 1474-1493 y que, en una época desconocida, se le añadieron dos torres; una de ellas se derrumbó en 1611, tal vez alcanzada por un rayo, como pretende el P. Carbajo.

El monasterio sería, por lo menos en gran parte, de las mismas características que la iglesia, es decir, pertenecería al llamado «románico cisterciense», sin monumentalidad, sobrio en la decoración, funcional, pero de armoniosas proporciones, claridad, pureza y lógica en las articulaciones, y de perfección muy cuidada en la obra y colocación de los sillares. Luego, a medida que transcurrían los años, se irían introduciendo cada vez más elementos góticos. Su disposición era la clásica entre los cistercienses, en torno al único claustro, situado al sur de la iglesia, como lo atestiguan aún las piezas que se han conservado: la espaciosa sala capitular, en el ala este del claustro; la monumental cocina y los muros del refectorio —gran sala primitivamente cubierta por un techo de madera sostenido por varios arcos y mal alumbrada por pequeñas ventanas ojivales, que, desgraciadamente, la moderna restauración no respetó—, en el ala sur.

12. *Sala capitular. Entrada.*

13. *Interior de la sala capitular.*

Sala capitular. Es una pieza de planta cuadrada, grande y bien alumbrada. De sus cuatro esbeltos pilares exentos parten los arcos que sostienen los cuatro tramos de bóveda de arista con resaltes a manera de nervios que la cubre. Cada uno de los pilares está formado por ocho columnitas, sobre base ajedrezada; sus capiteles están adornados con hojas. La bóveda, en la parte de los muros, apoya en ménsulas, y en los ángulos, en capiteles y columnas de fuste alargado. La sala se comunica con el claustro reglar, llamado generalmente de las Procesiones, a través de una solemne portada formada por tres arcos iguales de medio punto, abocinados, con múltiples arquivoltas y haces de columnitas. El del centro constituye la única puerta; los laterales son ventanas.

El conjunto de esta sala capitular, sobre todo el interior, produce una sensación de belleza sobria y elegante. Su fecha exacta es desconocida, pero todo induce a pensar que se construyó en la segunda mitad del siglo XII.

14. *Exterior de la cocina, del siglo XIII.*

15. *Horno para cocer el pan.*

Cocina. Un buen conocedor del país y todos sus entresijos, don Ramón Otero Pedrayo, ha escrito que esta cocina es «la más hermosa de Galicia». Sánchez Cantón, por su parte, no dudaba en calificarla como «la más notable pieza arquitectónica de Sobrado»; lo que, evidentemente, puede discutirse. De todos modos, nos hallamos ante una obra maestra y monumental.

Es una estancia espaciosa (10,50 m por 12,60). En el centro, cuatro robustas columnas cilíndricas encuadran el fogón y sostienen, por cuatro arcos de medio punto, la grandiosa campana de la chimenea. Apoyan también en las cuatro columnas los nervios de sección trapecial que soportan las bóvedas, muriendo en ménsulas cistercienses.

Obermaier pensaba que esta cocina era obra de principios del siglo XV. Sin embargo, un conocedor tan profundo de la arquitectura cisterciense como Leopoldo Torres Balbás la publicó como del siglo XIII. Y Francisco Javier Sánchez Cantón, después de un depurado estudio de todos los elementos, llegó a convencerse de que no puede ser posterior al año 1250.

16. *Cocina. Chimenea.*

17. *Cocina. Interior. Siglo* XIII.

18. *Sepulcro medieval.*

Capilla de San Juan Bautista. Llamada también de La Magdalena, se abre esta capilla en el lienzo norte del crucero de la iglesia. Fue restaurada en 1613 por don Alonso Ordóñez das Seixas y Tobar, señor de la fortaleza de Sampaio, como se lee en la inscripción de la portada, y sus paredes nos indican que sufrió varias manipulaciones a lo largo de los siglos. Sin embargo, tal como nos ha llegado, completamente desnuda de todo adorno postizo, refleja bastante bien cómo sería la iglesia que edificaron en Sobrado los discípulos de San Bernardo llegados en 1142. Sin duda, es de la misma época: segunda mitad del siglo XII. Su construcción es muy cuidada. Los grandes sillares de granito están colocados casi con mimo, sobre todo en la bóveda. Ésta es de medio cañón agudo sobre arcos fajones de sección cuadrangular, que descansan en ménsulas, más toscas, otras trabajadas, a excepción del primero, que apoya en columnas de base románica. En la recoleta capilla de la Magdalena uno se siente transportado a épocas remotas, muy distintas de las que atestigua la colosal iglesia barroca a la que actualmente está agregada y que, en cierto modo, le sirve de pórtico.

Hay en esta capilla dos sepulcros con figuras yacentes, fuera de su lugar. Uno es el del caballero Arias Vázquez de Vaamonde, como nos dice una inscripción; el otro debe pertenecer a una señora de su familia, pues tiene las mismas armas. La iglesia de Sobrado contenía muchas sepulturas de nobles gallegos, como don Pedro Fernández de Castro, pertiguero mayor de Santiago, y don Sancho de Ulloa, primer conde de Monterrey. Se perdieron casi en su totalidad en el decurso de las obras de la iglesia nueva y durante los años en que el monasterio, incluida su iglesia, estuvo a merced de los saqueadores. Sólo se han conservado los dos mencionados y otro que se halla, fuera de su lugar, cerca de la puerta de la capilla, en el crucero de la iglesia. Pertenece este sepulcro a un anónimo caballero, representado en posición yacente y vestido de pesada armadura, como don Arias, a cuya familia también pertenecía, según lo atestiguan sus armas.

Una tradición bien fundada, consignada por escrito en el Becerro de Sobrado, nos dice que está enterrada en el centro de la capilla de la Magdalena, sin epitafio ni piedra alguna que indique su sepultura, la virtuosa señora doña Catalina de San Tirso (o Santiso), alevosamente asesinada por su marido Vasco das Seixas, señor de Sampaio y pretendido encomendero de Sobrado.

EDIFICIOS DE LOS SIGLOS XVI-XVIII

Con el siglo XVI empieza para nuestro monasterio, como para tantas instituciones monásticas de Galicia y de España entera, una época de notable y creciente prosperidad económica. Gracias a su incorporación a la reformada Congregación de San Bernardo, las rentas, que anteriormente cobraban los encomenderos o los abades comendatarios, empezaron a ingresar en las hasta entonces exhaustas arcas de la comunidad. Por eso, al cabo de unos años, los monjes se sintieron con ánimos —y con recursos— para emprender seriamente la más o menos necesaria renovación de los edificios conventuales. No se contentaron con simples remiendos, chapuzas o añadiduras. Terminaron por contraer la fiebre constructora característica de los religiosos de la época. Los edificios heredados de la Edad Media les parecían húmedos, oscuros, incómodos, faltos de belleza y majestad, bárbaros. No los soportaban. Y, conformándose a las sucesivas corrientes estéticas de moda —la renacentista, el clasicismo, el «clasicismo barroquizado», a partir de 1620, que desemboca en 1650 en el barroco pleno—, van realizando su deseo de transformar su casa y la casa de Dios levantando, de nueva planta las más veces, vastas, poderosas, majestuosas construcciones que, a su modo de ver, sustituían con inmensa ventaja las que la piqueta de sus obreros iba demoliendo, sin que al final se salvaran, como hemos visto, más que la sala capitular —que habían dejado de utilizar desde que construyeran otra en el piso superior—, el refectorio —convertido en almacén y despensa, pues también habían construido otro encima del viejo—, la capilla de la Magdalena —propiedad de los señores de Sampaio— y la cocina, única pieza del monasterio medieval que siguió utilizándose hasta el fin. Claro es que esta radical transformación de los

19. *Sacristía. Siglo XVI.* ▶

20. *Bóveda de la entrada a la sacristía.*

edificios conventuales y la iglesia de Sobrado no se realizó en un día. Duró siglos. Se podría decir sin notable hipérbole que el cincel de los pedreros dando forma al duro granito del país no dejó de resonar desde mediados del siglo XVI, o tal vez antes, hasta fines del siglo XVIII e incluso hasta bien entrado el XIX, ya en vísperas de la segunda y definitiva desamortización. Gracias a esta perseverancia constructora de los abades de Sobrado, que iban sucediéndose cada tres años, y de la comunidad que los respaldaba, podemos admirar uno de los conjuntos monumentales más poderosos de Galicia.

El estilo renacentista ha dejado en Sobrado un solo ejemplar, aunque muy notable: la sacristía. Lo mismo puede decirse del clasicista puro: el claustro de la Hospedería o de los Peregrinos, que por ambos nombres se le designa. Constituye, en cambio, nuestro cenobio uno de los exponentes más logrados de la arquitectura monástica gallega de los años 1630-1650, caracterizada por una originalidad auténtica que, a juicio de Bonet Correa, sólo puede explicarse dentro del marco y las circunstancias del país. En la época del primer barroco o «clasicismo barroquizado» se empezó y se construyó gran parte de la gran iglesia, cuya edificación se continuó hasta el final siguiendo la misma pauta estilística.

Con rasgos generales y comunes de los edificios levantados en Sobrado en los siglos XVII y XVIII puede señalarse el aparejo de sillería en grandes bloques de granito —las partes de mampostería de lajas de pizarra son muy escasas—, los órdenes arquitectónicos de módulos deliberadamente exagerados y perfiles excesivamente gruesos, y también —todo

21. *Cúpula de la sacristía.* ▸

hay que decirlo— la rudeza e incluso la incorrección de formas, que a veces no deja de tener cierto encanto. En Sobrado ha sucedido lo que escribe Torres Balbás: el granito gallego adquiere «un brío magnífico al ser modelado por el cincel de los pedreros barrocos». Las bóvedas están divididas, por lo general, en casetones con nervios fuertemente resaltados, y la pompa y frondosidad barrocas se manifiesta sobre todo en la decoración vegetal, de origen manierista italiano, con sus sartas de frutas, sus hojas carnosas y su exceso de dureza, aunque siempre jugosa y fresca, labrada en el mismo granito.

Sacristía. Obra maestra en su estilo, fue construida entre 1569 y 1572. Se atribuye, con toda probabilidad, a Juan de Herrera, egregio maestro de obras santanderino. El abad Nicolás Bravo la califica de *«fabrica rara, elegans et magnifica»* —obra «rara, elegante y magnífica», repite Carbajo plagiando a Bravo—, y don Francisco Javier Sánchez Cantón piensa que es «tal vez el más bello conjunto del Renacimiento en Galicia».

Cubre su planta, casi cuadrada, una media naranja, con óculo central, que descansa sobre trompas aveneradas. Está muy decorada con estatuas, columnas estriadas, pilastras, frontones, medallones, serafines y otros motivos. Las estatuas, que se hallan en los cuatro ángulos, representan a los cuatro grandes Padres de la Iglesia latina: San Jerónimo, San Ambrosio, San Agustín y San Gregorio Magno; los medallones, colocados por parejas debajo de los cuatro frontones, a San Pedro y San Pablo, Santiago y San Juan Evangelista, San Benito y San Bernardo, San Cosme y San Damián. No falta en el testero el escudo de la Congregación de San Bernardo. En los muros se abren grandes nichos que cobijaban las cajoneras. Es de notar la buena concepción y empleo de los órdenes clásicos, las excelentes proporciones del conjunto y lo atrevido de la media naranja, adornada con casetones en fila con ángeles y florones. Finalmente, hay que mencionar la curiosa decoración de la bóveda de la especie de túnel de acceso a la sacristía desde el crucero de la iglesia, en que predominan con mucho las fuentes o platos con variedad de manjares y frutas: truchas, pollo, chorizos, manzanas, peras, etc. El simbolismo de tan peregrina decoración —si es que hay algún simbolismo— se nos escapa por completo.

Iglesia. Se ha dicho que es, por su grandeza y majestad, un monumento típicamente gallego. «Así por lo magnífico como por lo lucido de ella es de las mejores» iglesias conventuales de España, opina el P. Carbajo. Y no le falta razón. La longitud, la amplitud, la altura, la tremenda solidez de sus naves de piedra de sillería, no puede menos de sobrecoger el ánimo de quien penetra en ella. «Su concepción de espacio en bloque es —a juicio de Antonio Bonet Correa— de una perfección que pese a sus distintas partes fue muy pocas veces igualada en Galicia.»

Las vicisitudes de su construcción se conocen muy imperfectamente. Según el primer historiador de Sobrado, el cisterciense Bernardo Cardillo de Villalpando, la iglesia vieja empezó a derribarse por los años 1620-1623.

Por la documentación conocida sabemos que en el trienio 1647-1650 «se proseguía su fábrica». En 1666 se acabó la portada, y en 1673, la capilla del Rosario. En 1679 se estaban construyendo las torres. Finalmente, en 1708, se pudo proceder a su solemne consagración. Se ignora quién fue el autor de las trazas de su planta. Pero sí sabemos que dirigió la obra —y, con toda seguridad, modificó su alzado de acuerdo con su propio gusto— Pedro Monteagudo, «uno de los arquitectos más personales y originales del primer barroco gallego», según la autorizada estimación de don Antonio Bonet Correa.

22. *Iglesia. Nave central.* ▶

23. *Iglesia. Detalle del interior.*

24 y 25. *Vista y detalle de la cúpula de la iglesia.*

26. *Antigua Sillería del Coro de la Catedral de Santiago de Compostela.*

Tiene planta de cruz latina. El brazo mayor consta de tres naves; las laterales son bastante más estrechas que la mayor. En el crucero, de una sola y amplia nave, se abren las puertas, provistas de sus respectivas portadas, de las capillas de la Magdalena y del Rosario al lado del Evangelio, y de la sacristía al lado de la Epístola. La capilla mayor, notablemente más elevada que el resto del templo, es rectangular y profunda; se abrió y modificó en 1768 para colocar con toda perfección el grandioso retablo, que como queda dicho, ya no existe más que en algunas de sus desperdigadas imágenes; en 1974 se colocó en ella la magnífica sillería del coro, obra de los tracistas y entalladores Juan Dávila (o da Vila) y Gregorio Español, ejecutada a partir de 1599, en gusto todavía renacentista, que para dar más visibilidad al culto había sido retirada muchos años atrás de la nave central de la catedral de Santiago.

La ordenación interior es a base de pilastras. Las dos primeras, de festón vertical, están partidas en lo alto, sin duda a fin de que la sillería del coro pudiera apoyarse a los muros; la tercera se prolonga hasta el piso del coro. Las demás pilastras de la nave y de la capilla mayor

27. *Vista parcial del antiguo coro de la Catedral de Santiago de Compostela.*

28. *San Pedro, del antiguo coro de la Catedral de Santiago.*

29. *San Pablo, del antiguo coro de la Catedral de Santiago.*

son de orden compuesto, con entablamento de modillones que se alternan con metopas de florones y cornisa de denticulado, sobre la que se alza un poderoso cornisón de más de un metro de ancho. Cubre la nave mayor una bóveda de medio cañón, con penetraciones para grandes lunetos y ventanas circulares en cada tramo. Sobre el tramo central del crucero se levanta una media naranja, recubierta de vigorosa talla floral e iluminada por una linterna; la media naranja apoya en pechinas decoradas con escudos y otros motivos en relieve, esculpidos, como todos los demás adornos de la iglesia, en el duro granito. La bóveda que sostiene el coro alto, muy plana —los arquitectos de la época mostraban su virtuosismo en este punto concreto—, tenía originariamente 16 metros de fondo, pero hoy le falta uno de sus tramos, que no se reconstruyó. La decoración es abundante en todo el interior del templo, a excepción de los muros del cru-

30. *Santo Tomás, del antiguo coro de la Catedral de Santiago.*

31. *San Martín, del antiguo coro de la Catedral de Santiago.*

cero y de la capilla mayor, que ofrecen una total desnudez, muy conforme con el primitivo espíritu de los cistercienses.

Lo mismo —aunque con una excepción notabilísima— puede decirse del exterior. Atravesados por ventanas rectangulares u ovaladas relativamente pequeñas y sin molduras, los grandes muros de la iglesia de Sobrado son completamente lisos. Tampoco hay decoración alguna en los contrafuertes. Incluso la media naranja del crucero está cubierta por un tejado de cuerpo octogonal horro de todo ornamento, salvo los muy discretos de las esquinas. Ahora bien, esta gran sobriedad por lo que a decoración exterior se refiere, contrasta vivamente con la lujuriante, la increíble frondosidad de la fachada principal. Se diría que colaboraron en la formación de esta fachada —y es verdad— el horror al vacío y el espíritu ampuloso y grandilocuente del arte barroco, el genio peculiar del gallego, el proverbial virtuosismo de los pedreros del país

32. *Vista exterior del monasterio.* ▶

34. *Detalle de una «Asunción» en granito, en la fachada principal.*

35. *Escudo de León y Castilla, en la fachada principal.*

y la potencia económica de los monjes de Sobrado. Resultó de esta convergencia y colaboración de fuerzas y tendencias un monumento realmente original, único, inabarcable, desconcertante, asombroso.

No es tarea fácil describir con alguna precisión la fachada principal de la iglesia de Sobrado; su riqueza y complicación resultan descorazonadoras. Se distinguen en ella tres cuerpos yuxtapuestos. El central, que tiene la anchura de la nave mayor y está un poco retraído con relación a los laterales, se compone de dos órdenes superpuestos. El inferior —la portada propiamente dicha— consta de dobles órdenes gigantes corintios, en los que resalta el fuste de las columnas, notablemente alargado, estriado y adornado con motivos vegetales menudos; dentro de los dobles órdenes se halla la puerta adintelada, muy pequeña comparada con las enormes porporciones del

◄ **33.** *Vista de la fachada principal.*

36. *Fachada de la portería. Siglo XIX.*

conjunto, y encima de la puerta se abre un edículo en forma de gruta, flanqueado por dos pares de columnas salomónicas —primer ejemplo español de columnas torsas en piedra—, cubiertas de pámpanos de finísima labra; contiene el edículo u hornacina una imágen que representa a la Virgen María en su misterio de la Asunción, significado por las cabezas aladas de ángeles y las estilizadas nubes que la rodean por todas partes. Arrancando de la cornisa inferior del frontón partido apenas iniciado y curvo con que culmina el orden precedente, consta el orden superior de una sola columna estriada de fuste igualmente muy alargado; en el centro, entre dos largas sartas de frutas que parten de sendas cabezas aladas de angelotes, se abre la gran ventana que alumbra el coro alto, encima de la cual campea un enorme escudo de castillos y leones en aspa, con águila bicéfala, toisón de oro y una calada y volada corona que lo remata. Sostiene este cuerpo un gran frontón curvo, del que sobresalen a modo de pináculos dos estatuas de piedra, que representan a la Virgen y a San Juan Evangelista, a ambos lados de una cruz de hierro, que, con toda probabilidad, ha sustituido un Cristo crucificado desaparecido.

Constituyen los cuerpos laterales dos prismas de planta cuadrada, compactos y poderosos, con dos pilastras de orden compuesto gigantes y una ventana enrejada más bien pequeña entre las pilastras, sin más diferencia que esta: el frontón curvo de una de las ventanas está decorado con el busto en relieve de San Benito y el de la otra con el de San Bernardo. Sobre las pilastras hay un impresionante entablamiento de grandes consolas y florones, y sobre el entablamento, una gruesa cornisa tan volada que forma una pequeña terraza.

Sobre tan firmes fundamentos se asientan las torres propiamente dichas. Su altura desmesurada destaca todavía más por levantarse a su lado, formando ángulo recto, la neoclásica, seca y baja fachada del monasterio. Se componen las torres de dos cuerpos superpuestos. El inferior, con las esquinas cortadas en chaflán, tiene cuatro grandes ventanas con arcos de medio punto sobre impostas. El superior, de base más reducida, es octogonal, con una ventana de arco de medio punto y provista de su correspondiente balaustrada en cada una de sus caras. Un tambor compuesto por alerones con pináculo y un cupulín octogonal rematado por un pináculo calado corona cada una de las torres.

Es difícil descubrir en la fachada de la iglesia de Sobrado un solo sillar sin facetar y ornar. Los fustes de las altísimas pilastras están cubiertos de casetones dispuestos en zigzag; los lienzos entre los pilastrados y los estilobatos de consola en que apoyan los dobles órdenes gigantes corintios, de cuadriculado pequeño con casetones de punta de diamante. En el resto de la fachada, en los arcos de las torres, todo son capiteles corintios o de

37. *Exterior de la cámara abacial. Detalle.*

38. *Vista de la iglesia, desde el Este.*

orden compuesto, rastras de frutas, florones, caras aladas de angelotes, molduras de todo tipo. Imposible de imaginar obra más recargada. A esto hay que añadir que, salvo algunas honrosas excepciones, no presenta esta copiosísima ornamentación la finura y delicadeza que pudiera exigirse de estar tallada en otra clase de piedra; el granito gallego es basto y duro, y los pedreros que trabajaron en esta fachada de Sobrado no pudieron hacer mejor ajuste. Pero sería equivocado buscar en esta magna obra de la arquitectura religiosa barroca finura y delicadeza de molduración, o elegancia y armonía de proporciones, que evidentemente no posee. Lo estupendo, lo maravilloso de esta fachada es su fuerza, su exaltación, el ímpetu increíble con que, pese a la solidez, a la pesadez de la materia de que está formada, se lanza a las alturas tras la verticalidad de sus torres descomunales, desmesuradas, valientes, desafiantes. Sería inútil que en una obra de tales características buscaran los ojos un punto donde reposar, pues, solicitados a la vez por mil pormenores que no les es posible abarcar, no podrían encontrarlo. No, este poema grabado en el duro granito no es una obra apaciguante, sino todo lo contrario: tremendamente excitante. En su centro, en su corazón, está la Virgen María que sube al cielo. Toda la fachada, en consecuencia, no sólo es un tributo sincero, cálido, sobreabundante a la patrona de Sobrado: es, al propio tiempo, una apremiante invitación a subir con ella, a lanzarnos con ella rumbo a los espacios infinitos que señalan las torres.

39. *Pórtico de la capilla del Rosario.*

41. *Capilla del Rosario. Vista del interior.* ▶

40. *Pórtico de la capilla del Rosario. Detalle.*

Capilla del Rosario. Noticia aparte merece la capilla del Rosario. Según Sánchez Cantón, constituye «quizá la muestra más gentil del barroco gallego». El mismo autor la atribuía al insigne arquitecto Domingo Antonio de Andrade. Bonet Correa piensa, al parecer más acertadamente, que es del mismo constructor de la iglesia, Pedro Monteagudo. Reflejaría según él, la última etapa de su arte, su madurez plena, que le permite llevar a cabo con singular acierto la «primera realización de capilla barroca en Galicia», el primer «arreglo de un interior utilizando la decoración como elemento esencial que recubre los muros y crea un ambiente, un cuadro en que los altares contribuyen a exaltar el lujo de motivos esculpidos en las pilastras, tímpanos, enjutas, arcos y bóvedas».

43. *Capilla del Rosario. Cúpula.*

En 1589, con motivo de los desacatos cometidos por los ingleses que cercaban la ciudad de La Coruña con algunas imágenes sagradas y particularmente con una que representaba a Nuestra Señora de Rosario, se fundó en Sobrado la cofradía homónima. Más adelante, el insigne abad Nicolás Bravo, durante su primer trienio (1617-1620), hizo construir una capilla de la misma advocación, que no se ha conservado. La actual está fechada en 1673. La imagen de la Virgen que la presidía se colocó en su rico retablo barroco por los años 1689-1692.

La puerta, de arco de medio punto, se inserta en una grande y ostentosa portada, coronada por un escudo que representa el árbol de la vida y las puertas del Paraíso, guardado por las toscas imágenes de Adán y Eva a modo de tenantes.

◂ **42.** *Vista del arranque y cúpula de la capilla del Rosario.*

¿Es esta portada exterior obra de Pedro Monteagudo o una añadidura del siglo XVIII? Lo cierto es que la portada interior y todo el resto de la capilla se nos antoja bastante más simple —dentro de su barroquismo—, más fino, más inspirado.

La capilla tiene planta cuadrada. Su alzado es de altísimas pilastras estriadas y listadas, con capiteles muy desarrollados. Sobre los capiteles corre un entablamento de friso de cuadros con puntas de diamante y florones, una cornisa volada con denticulado y un filete de óvolos. Sobre la cornisa hay cuatro arcos formeros bastante profundos, que cobijan en cada uno de sus tímpanos la correspondiente ventana. Una media naranja, con linterna, que apoya en los arcos formeros, cubre la capilla. En el testero, frente a la entrada, se voltea un gran arco sobre impostas para albergar el retablo principal. Una gran ventana abierta en el centro del muro tenía por objeto iluminar por la espalda la imagen de la Virgen en su hornacina, según un procedimiento muy usado por los artistas barrocos para producir en el espectador una sensación de infinito. En los muros laterales se abren dos grandes nichos, coronados por frontones, en los que también había altares y retablos. Toda la capilla está muy ornamentada, pero su decoración resulta discreta si se la compara con la de la fachada de la iglesia. También es de mejor calidad. Sartas de frutas, hojas, racimos de uvas, viñas, sarmientos, ramas de arbusto se combinan con osos, jabalíes, águilas y otros animales tratados naturalísticamente, figuras geométricas, florones, cráteras, sirenas, un monje arrodillado y con los brazos tendidos hacia la imagen de María, incluso un mascarón de grotesco, todo ello tallado en la piedra, para adornar los muros, los intradoses de los arcos, los tímpanos, las pilastras, la media naranja y, con prodigalidad, la bóveda labrada en hileras que forma el intradós del arco, muy profundo, de la puerta.

Claustro de las Procesiones. Es el que los antiguos llamaban claustro reglar. Ocupa el mismo lugar que el anterior, sin duda románico cisterciense. A su alrededor se agrupan los llamados lugares regulares: la sala capitular, el refectorio, etc., además de la iglesia. En los días señalados por el ceremonial y en otras ocasiones excepcionales se celebraban en él las procesiones litúrgicas o de devoción; de ahí el nombre de claustro de las Procesiones. Durante mucho tiempo debió ser el único claustro del monasterio.

Resulta curioso comprobar que su construcción se inició en 1560 y no se terminó del todo hasta 1741-1744. Esto no significa, naturalmente, que las obras progresaran con desesperante lentitud, sino que se interrumpieron, seguramente varias veces. Hay que tener muy presente, en efecto, que los monjes de Sobrado estaban renovando —o reedificando de nueva planta— simultáneamente la iglesia y el monasterio. Así, por ejemplo, en nuestro caso, no les fue posible construir la bóveda y el piso superior del ala norte sin haber levantado previamente el muro sur de la gran iglesia barroca. Entretanto, seguían utilizando el claustro viejo en las partes que aún no habían podido reformar según los nuevos gustos estéticos, que dicho sea de paso cuando se acabó la obra ya resultaban bien pasados de moda.

De los tres claustros de Sobrado, es el de las Procesiones el de traza más antigua y de proporciones más reducidas. Pertenece propiamente al estilo clasicista, pero su decoración es todavía propia del Renacimiento. De planta rectangular, consta de dos cuerpos superpuestos, con arcos de medio punto sobre impostas entre gruesas pilastras el inferior, y con ventanas rectangulares, primitivamente rasgadas, el superior. En este claustro, de aspecto más bien severo, llama sobre todo la atención la serie de 36 grandes medallones de alto relieve con bustos humanos que corre horizontalmente a lo

44. *Torres de la iglesia desde el claustro procesional.* ▶

45. *Vista del crucero y cimborrio desde el claustro procesional.*

46 y 47. *Claustro procesional. Exterior e interior de una de las galerías superiores.*

largo del cuerpo superior tocando la cornisa volada. ¿Quiénes son estos personajes, todos masculinos? Se distinguen entre ellos a varios apóstoles, un papa, un cardenal, abades, religiosos, guerreros, etc. Seguramente representan los medallones a personajes muy concretos; pero el artista se olvidó de indicar sus nombres en la franja inferior de cada uno de ellos, destinada sin duda a contenerlos, lo cual permite a la imaginación del espectador desplegar sus alas con toda libertad. No son estos relieves obras maestras del arte escultórico. Mucho más digna de atención resulta la encantadora escena de la Anunciación representada en uno de los ángulos exteriores del claustro.

Claustro Grande. Se llama así por sus notables dimensiones, pues mide 58 metros por 55. Su construcción se empezó en el último tercio del siglo XVI. A principios del siglo XVII se trabajaba en ella. En 1617-1620 el nuevo dormitorio, situado en este claustro, se cerró con piedra de sillería. Sin embargo, las obras debieron de suspenderse durante muchos años, pues el ala sur, con una torre al remate, no se levantó hasta 1714-1718, el ala norte se cerró en 1747-1750 y el ala este, que también tiene una torre al remate, en 1750-1753.

Consta de tres cuerpos superpuestos. El inferior tiene tres galerías de arcos de medio punto —doce arcos en cada galería— sobre impostas entre pilastras; los

48. *Oratorio de la Comunidad*

49. *Claustro Monacal, sector Este-Sur.*

otros dos cuerpos tienen ventanas rectangulares, separadas por tableros recortados. Cierra el rectángulo de este claustro el ala este del de las Procesiones.

Su construcción obedeció a una necesidad concreta. Los cistercienses habían dejado de utilizar el dormitorio común corrido, para adoptar el sistema de celdas individuales. En ellas no sólo dormían, sino que pasaban gran parte del día, ocupados en la lectura, el trabajo intelectual y otros menesteres compatibles con la soledad de la habitación. Fue preciso construirlas. No se escatimó el espacio. Los dos pisos superiores de este claustro casi no contenían otra cosa que celdas, todas ellas holgadas, que daban a pasillos muy amplios y luminosos. En la planta baja se instalaron diversas oficinas y almacenes.

50. *Torres de la iglesia desde el claustro de la hospedería.*

51. *Un ángulo del claustro de la hospedería.*

Claustro de la Hospedería. Conocido también por el nombre de claustro de los Peregrinos, pues los huéspedes más frecuentes del monasterio serían los peregrinos que se dirigían a Santiago o desde Santiago regresaban a sus hogares, tiene una historia parecida a la de los otros claustros. Su construcción fue bastante rápida por lo que a sus galerías se refiere, pero lenta en cuanto a los edificios que lo rodean: la obra no se dio por concluida sino al cabo de más de un siglo. Los trabajos en efecto, debieron de empezar hacia 1625 por el lienzo sur. Entre 1626 y 1635 se construyeron los otros tres lienzos. Sin embargo, la pared maestra del ala oeste no se terminó hasta 1753-1756, y el ala sur, a excepción de la caja, no se edificó hasta 1759-1763. Según estos datos, enteramente fidedignos, que nos proporcionan el P. Bravo y, sobre todo, el P. Carbajo, tras revisar los papeles del archivo, las galerías de este claustro debieron construirse en el segundo cuarto del siglo XVII, pero las suntuosas habitaciones abaciales —con su espléndida solana de arcos de medio punto y, en la planta baja, el paso abovedado que da acceso a la huerta—, las cuadras y algunas habitaciones para huéspedes no se levantaron hasta mediados del siglo XVIII. Más adelante aún, en 1827, cuando se construyó la actual fachada neoclásica de la portería, se rehicieron, en el mismo gusto neoclasicista, los lienzos norte y sur.

Después de la exclaustración —ya queda dicho—, en parte se desmontaron y en parte se volaron con dinamita las hermosas galerías del claustro de la Hospedería, hasta no quedar más que dos arcos del claustro original clasicista. Por eso hay que saludar como uno de los principales logros de la moderna restauración de Sobrado la fiel y exacta reconstrucción de este espléndido patio según había sido ideado y plasmado originariamente. Gracias a tan notable esfuerzo, hoy se puede admirar en toda su integridad y pureza esta obra, tal vez planeada por Francisco González de Araujo o por Bartolomé Fernández Lechuga, pero ciertamente emparentada con el clasicismo purista santiagués.

Consta de dos plantas superpuestas. La inferior, de orden dórico, es de pedestales y entablamiento sin arquitrabas, pilastras estriadas y arcos de medio punto. La superior, de orden jónico, nace sin pedestales del cornisón de la primera planta y tiene igualmente pilastras estriadas y ventanas rasgadas de arco de medio punto, que ocupan un tercio de su ancho. La soberbia y puramente geométrica decoración, las excelentes proporciones, la clara y exacta arquitectura del claustro de la Hospedería constituyen un descanso, un plácido y sedante recreo para la vista y el espíritu de quien acaba de contemplar, sin lograr abarcarla, la complicada, farragosa e inquietante mole de la fachada de la iglesia.

Notemos, para terminar, que en el ala este del mismo claustro se levanta la grande y majestuosa escalera de granito, conocida generalmente por el nombre de *Maristella,* que conduce a la hospedería. La mandó construir durante su primer trienio abacial (1635-1638) el P. Nicolás Bravo.

53. *Solarium, hoy sala de lectura.*

52. *Escalera principal.*

DISIECTA MEMBRA

Pese a todos los esfuerzos de la moderna restauración, el monasterio de Santa María de Sobrado jamás volverá a ser lo que fue. Su iglesia ha quedado desnuda, sin más decoración que la que está tallada en sus piedras. Desapareció para siempre el grandioso retablo mayor. Desaparecieron los altares y retablos de San Benito, San Bernardo, la Purísima Concepción, San Cipriano y todavía otros, que poblaban el crucero y las naves laterales. La capilla del Rosario está vacía; se esfumaron sus tres altares con sus respectivos retablos. La sacristía echa de menos sus cajoneras y cornucopias. Faltan las grandes rejas de las naves y de la capilla del Rosario, las sillerías de coro, los dos púlpitos, las lámparas, las colgaduras, el reloj de una de las torres y las campanas de la otra... Volaron para no volver los cálices, los copones, los ostensorios, las numerosísimas reliquias traídas de Roma y sus respectivos relicarios. Los claustros ya no tienen fuentes. Ya no existen, ni queda posibilidad de que renazcan, el magnífico refectorio alto, ni la sala capitular alta, que mandó construir y ornar el gran abad Nicolás Bravo; ni tampoco la suntuosa cámara abacial, ni la biblioteca, ni el gran archivo con sus casi 4 000 pergaminos y sus montañas de legajos de papeles. Todo esto y otras muchas cosas que integraban el poderoso y estupendo monasterio de Sobrado pertenecen ya definitivamente al pasado.

54. *Escultura de Santa Eduvigis, del antiguo retablo mayor.*

55. *«Cristo atado a la columna», escultura de un antiguo retablo lateral.*

Pero no todo ha perecido. Como *disiecta membra,* como partes de un todo arrancadas de su lugar por el vendaval de la desamortización y sus secuelas, se conservan todavía algunas de las reliquias artísticas o documentales del monasterio. No pocas, a lo que parece, están en poder de particulares; de algunas se ignora, seguramente incluso, su misma existencia. Otras se hallan en instituciones públicas.

Lo que se ha salvado del archivo de Sobrado se conserva, en parte, en el Archivo Histórico Nacional (Madrid) y, en parte, en el Archivo General de Galicia (La Coruña). Entre los documentos que se hallan en Madrid, hay que destacar los dos cartularios medievales —recientemente publicados— y el Becerro del monasterio.

El grande e importante retablo mayor, trazado por don Luis de Lorenzana conforme a su tratado *Tentativa sobre un orden español de arquitectura,* que había aprobado elogiosamente las academias de Madrid y París, fue desmontado y, en parte, trasladado a Nueva Nursia (Australia) por iniciativa del ilustre obispo benedictino Rosendo Salvado. En Galicia quedaron muchas de sus imágenes, que se conservan —con otras procedentes de otros retablos de Sobrado— en el monasterio santiagués de Belvís, en la Real Academia Gallega, en la iglesia parroquial de San Lorenzo de Carelle, en la de San Pedro da Porta —que es la de Sobrado— y en otros lugares.

Mayor interés está suscitando en nuestros días el retablo de la iglesia vieja. El P. Nicolás Bravo lo califica de *praeclarum.* Según él, encargó su construcción al abad Lorenzo Alderete, que gobernó el monasterio durante cuatro trienios consecutivos, desde 1533 a 1545. De este retablo se conservan en la iglesia de San Pedro da Porta un gran crucifijo y un altorrelieve, llamado vulgarmente de la Quinta Angustia, que mide 1,67 metros de ancho por 1,26 de alto. Otros dos relieves se guardan en el Instituto Padre Sarmiento, de Santiago de Compostela; representan el Nacimiento de la Virgen y la Adoración de los Pastores. Se ignora quien es el autor de tan notables y vigorosas esculturas. Una cosa se da por segura: que se trata de un discípulo de Juan de Juni, formado en su propio taller. De Juan de Juni dice Martín González «procede el pathos acongojado de todas sus obras, la blandura trepidante de las carnaciones, las fornidas musculaturas, las graves distorsiones y las agitadas vestimentas». Propias del escultor del retablo viejo de Sobrado son la baja estatura, la pesadez de músculos y el aspecto bronco de sus personajes, muchos de los cuales tienen pómulos excesivamente marcados, labio inferior muy prominente, anatomía exagerada e incluso faz de rasgos negroides. Al misterioso escultor, del que se conocen otras obras, se le llama normalmente «el maestro de Sobrado».

«EN ESTE VALLE DE LÁGRIMAS»

No sería justo terminar la presente evocación de la historia, la arquitectura y el arte de un monasterio sin dedicar un recuerdo a sus monjes. ¿Quiénes fueron y cómo fueron los religiosos que vivieron y murieron al lado de este pueblo que por ellos llegó a llamarse *Sobrado dos Monxes*?

Lamenta el P. Mauricio Carbajo que, habiendo tenido el insigne cenobio, a lo largo de más de ocho siglos, «muchos centenares de hijos ilustres ya en virtud, ya en letras o en dignidades», nadie se hubiera tomado la molestia de hacer un catálogo de todos o de muchos de ellos. En los tiempos más antiguos, es cierto, «todas las atenciones llevaban las armas, porque los enemigos estaban muy cerca», y los monjes de las primeras generaciones cistercienses, «como todos estaban tan endiosados, cuidaron sólo de ser virtuosos y santos, y no de publicar su virtud y santidad»; pero en tiempos más modernos, la negligencia en catalogar a los claros varones que produjo Sobrado no tiene justificación válida. Carbajo, con toda su buena voluntad, puso manos a la obra, y nos presenta una galería de monjes insignes por su virtud, por su ciencia, por sus escritos, muchos de los cuales fueron abades, definidores,

56. *Cristo, del retablo de la «iglesia vieja».*

generales de la Congregación de San Bernardo e incluso, unos pocos, obispos. Se hace lenguas, por ejemplo, del abad Atanasio Corriero, varón con grandes dotes de gobierno y de virtud acrisolada, piadoso, manso, humilde de corazón; exalta al P. Nicolás Bravo, eminentísimo por su «prudencia, virtud y letras», doctor en teología, autor de diversas obras latinas en prosa y en verso, varias veces abad de Sobrado y de otros monasterios; elogia al P. Malaquías Mayorga, «uno de los mayores teólogos de España»... Estos y otros personajes recordados por Carbajo vivieron sobre todo en los siglos XVI-XVIII. Pero la palma no se lleva ningún cisterciense, sino un abad del primer monasterio familiar y dúplice, que vivió en el oscuro siglo X: San Pedro de Mezonzo.

El autor —no cierto, pero sí probabilísimo— de la *Salve Regina* nació, creció y se formó en el temor de Dios y en las letras humanas en estos parajes del corazón de Galicia, bajo la protección de los fundadores del monasterio de Sobrado, los viejos condes Hermenegildo y Paterna. Fue un monje humilde, virtuoso y estudioso. Llegó a dominar, con rara perfección para aquellos tiempos, la lengua latina y a manejar la pluma con soltura y elegancia. Siendo ya abad de Sobrado, siguió redactando y escribiendo con mano hábil los documentos del monasterio. Pasó luego a gobernar el cenobio de Antealtares y, finalmente, le nombraron obispo de Compostela. Le tocó vivir años durísimos. En una de sus temidas aceifas, Almanzor, el gran caudillo musulmán, llegó hasta el mismo sepulcro del apóstol Santiago, sembrando muerte, destrucción y lágrimas. Y de su corazón de santo y poeta brotó, pura y sincera, la famosa plegaria a la Virgen María:

Dios te salve, Reina y Madre de misericordia...
A ti suspiramos, gimiendo y llorando,
en este valle de lágrimas...

El «valle de lágrimas» de San Pedro de

57. *Detalle del «Descendimiento», del retablo mayor de la «iglesia vieja».*